67

SENTIMENS

D'UN

VRAI REPUBLICAIN,

SUR LE

PROCÈS DE LOUIS CAPET.

Par M. Vernier.

IL eſt bien étonnant ſans doute, de me trouver preſque le ſeul dans toute la République françoiſe, qui oſe élever la voix, pour faire connoître à la Convention nationale, quelle eſt l'opinion publique ſur le procès de Louis le dernier. On ne ſauroit cependant trop l'environner de lumières, dans un moment où elle va prononcer un jugement d'une ſi haute importance. Quoiqu'il en ſoit, les langues ſemblent enchaînées, & les écrivains les plus éclairés, frappés d'une ſtupeur ſoudaine, ne ſemblent pas oſer aborder une queſtion auſſi épineuſe. Sommes nous donc ſous le règne du deſpotiſme,

(1792.)

et l'arbre de la liberté n'a-t-il pas encore étendu ses rameaux bienfaisans sur toute la République ?

Louis Capet ! ne crois pas que je vienne ici te deffendre, non. Ce qui m'engage à prendre la plume aujourd'hui, est la gloire de mon Pays. J'aime ma Patrie avec passion : tout ce qui s'y passe m'affecte vivement. Tels sont mes sentimens ; tels doivent être ceux d'un vrai Républicain.

Je ne reçus jamais de graces de la Cour, & je ne les enviai jamais. Si je me suis approché quelques fois de ce Cloaque empesté, sur-tout depuis le commencement de la révolution, ce n'a jamais été que pour la juger et la mépriser. Le seul sentiment que m'a inspiré Louis Capet, lors même qu'il étoit dans toute sa splendeur, a été un sentiment de mépris & de pitié.

Ce ci-devant Roi étoit si foible, si incapable de régner par lui-même. Il étoit si mal entouré, si mal conseillé, si souvent trompé, que tout homme impartial l'approchant un peu de près, l'examinant avec un œil philosophique, ne pouvoit s'empêcher de le mépriser & de le plaindre. Aussi en empruntant les expressions d'un

Auteur moderne, je puis dire: « Ombres que » je révère, Ombres sacrées de Caton & de » Brutus, j'écris au pied de vos statues, je suis » digne de vous; je déteste les Rois: tout » César m'est odieux; *& toi Louis..... je* » *croyois te haïr, je te méprise.*

Cependant Louis étoit bon & compatissant envers les malheureux (1), & il a toujours passé pour honnête homme & le plus économe de son Royaume. S'il eût été un homme ordinaire, placé dans un rang inférieur de la société, il eût été bon père, mari économe. Ce sont de ces vérités incontestables, dont ses ennemis les plus acharnés ne peuvent, s'ils veulent être de bonne-foi, s'empêcher de convenir.

Mais il étoit appellé à régir un grand Royaume, un des plus florissans de l'univers. Il laissa tomber les rênes de ses mains débiles; sa tête ne put jamais soutenir une si pésante couronne. Bientôt s'abandonnant à une femme cruelle, débauchée, vindicative, ambitieuse, qui l'a

---

(1) Il n'est sortes de traits de bienfaisance, qu'on n'ait cité de lui dans le grand Hyver et dans beaucoup d'autres circonstances.

perdu dans l'esprit du peuple qui l'adoroit ; environné de Prêtres fanatiques , de Ministres pervers, de vils Courtisans qui le trompoient sans cesse ; il s'est vû en peu de tems précipité d'un trône , sur lequel il ne pouvoit plus se soutenir , & il est maintenant plongé dans une prison obscure , auec une partie de sa famille. Tel est le juste chatiment dû à son ineptie & à ses crimes.

En ce moment il s'agit de le juger , & la Convention nationale a décrété , que d'après le vœu général , elle prononceroit sur son sort. Il paroît constant , que , s'il est jugé d'aprés l'ancienne Constitution , Louis Capet ne peut & ne doit encourir que la décheance. Mais , si la Convention veut suivre une autre marche , pent-elle & doit-elle , pour la gloire de la Nation Françoise , condamner Louis Capet au dernier supplice , & le faire périr sur un échafaud. Tel est la grande question qu'il s'agit de résoudre.

En admettant , ce qui n'est pas encore prouvé de la manière la plus évidente , & ce qui est absolument nécessaire pour un jugement aussi solemnel , que Louis Capet , qui a toujours répugné à verser le sang de son peeple, (2). soit convaincu des plus grands crimes, j'ose dire que l'arrêt de mort qui seroit prononcé contre lui, imprimeroit à la Nation Françoise, qui passe pour si généreuse, une tache d'infamie, dont elle ne se laveroit jamais. Oui, j'ose le dire, sans crainte d'être démenti, à moins que ce ne soit par quelques vils factieux, cachants sous les dehors trompeurs du plus ardent patriotisme, des vues ambitieuses, & craignant jusqu'à l'ombre d'un Roi, hors d'état de pouvoir jamais leur nuire; ou bien encore par ces boureaux cruels, ces êtres sanguinaires, qui ne respirent que sang & que carnage, & n'ont pas de plus douces jouissances, que de plonger & replonger leurs mains dans le sang même de leurs con-

(2) Notamment en Octobre 1789, lorsqu'il ordonna à ses gardes de se retirer et de ne se permettre aucune violence contre le peuple qui accouroit en foule au Château. C'est à tort qu'on lui impute l'affaire du Champ de Mars, au mois de Juillet 1791, puisqu'il étoit dans ce tems en état d'arrestation aux Tuileries depuis son retour de Varennes, et qu'il étoit suspendu de toutes ses fonctions à cette époque.

citoyens, & qui n'oseroient pas affronter les vrais ennemis de l'Etat. Ces vérités sont dures; mais un Républicain ne doit pas flatter.

Dignes représentans de notre République, écoutez favorablement mes vœux, qui partent d'une âme franche & loyale, appréciés mes intentions pures, sans vous arrêter à mes expressions. Avant de fixer irrévocablement le sort de Louis Capet, réceuillez-vous profondement & réfléchissez mûrement sur les fonctions importantes, qui vous sont confiées. Gardez-vous de mériter le reproche de ne pas laisser à l'accusé, le tems de présenter ses défenses. Mettez dans cette affaire toute la grandeur d'âme, la générosité de la nation que vous représentez. Songez que vous tenez en vos mains, l'honneur & la gloire de la Nation Française; songez qu'après avair jugé Louis, vous serez jugés à votre tour, par la génération présente & future.

Consultez enfin avant de prononcer, l'opinion la plus générale, dont vous devez être l'écho fidele, pour ne pas tomber dans l'erreur & vous verrez, qu'elle n'est pas pour que vous prononciez un arrêt de mort contre ce Prince plus foible que cruel; plus malheureux que coupable. Cette opinion vient de se manifester d'une maniere bien évidente, lorsqu'il a été amené devant la Convention. Dans aucun carrefour, dans aucune place publique, le peuple n'a prononcé contre lui d'arrêt de proscription. Le Français, ce peuple si doux, & si humain, ne verra donc pas sans la plus vive douleur, couler le sang d'un de ses Rois.

Une prenve encor de ce que j'avance, c'est que depuis 4 mois que Louis est dan les fers, vous n'avez pas reçu, des différentes parties de la République, des adresses continuelles qui demandent que vous accéleriez le procès du ci-devant Roi, & qui vous expriment leur vœu unanime, pour que vous le fassiez conduire à l'échaffaud. Il est donc vrai de dire, que l'opinion générale n'est pas pour que vous le fassiez périr.

Consultez les peuplos qui vous environnent vos voisins, par exemple les Anglais, ce peuple fier & digne d'être républicain. Ils ont toujours eu en horreur l'attentat commis sur Charles premier l'un de leurs rois, & ont depuis chassé loin de l'Angleterre un de ses successeurs plus coupable que lui. Ils semblent nous donner à cet égard, un exemple salutaire. D'ailleurs, leur façon de penser sur les circonstances actuelles n'eſt pas douteuse. On lit dans un journal digne de foi, une lettre de Londres qui s'exprime ainſi qu'il ſuit. » Il n'y a perſonne ici qui ne penſe que Louis XVI ne ſoit coupable. *Mais » ne trouvez pas étonnant que le peuple Anglais » prétende, que vous devez commuer la peine que » mérite Louis XVI. Je deſire que votre Con- » vention ſoit environnée d'aſſez de forces & de respect, pour ne pouvoir conſulter en cette circons- » tance, que la ſaine politique & les vrais in- » térêts de la nation. Il ſeroit honteux pour » vous de craindre un prince nul dans tous les » tems & qui est mépriſable & mépriſé.*

Les Suedois ont auſſi banni un de leurs rois & ſont bien plus glorieux de n'avoir pas à rougir, de l'avoir ſacrifié à leur juſte vengeance. Les Romains enfin, ces dignes républicains, ont chaſſé les Tarquins loin de leur territoire, & nous, nous craindrions de bannir loin de la République, Louis avec toute ſa famille : ce ci-devant Roi qui fut toujours ſi inepte & ſi incapable de regner ? Craint-on qu'il ne vienne avec un parti redoutable et puiſſant, chercher à replacer ſur ſa tête, une courone qu'il ne ſut pas conſerver.

Non. Cela n'eſt pas poſſible ; la nation Fran

çaise a voulu être libre & se former en République, rien ne pourra jamais la faire changer. D'après cela, je puis dire avec assûrance, que quand toutes les nations de la terre s'armeroient contre nous, & se ligueroient pour nous écraser, elles ne viendroient jamais à bout de nous charger de nos anciens fers. Si, par impossible, elles parvenoient à envahir tout notre territoire, elles domineroient sur des monceaux de ruines & de cadavres, non, ce ne seroit plus sur des Français, qu'elles viendroient appésantir leurs chaînes, il ne s'en trouveroit plus un seul, ils seroient tous péris en combattant pour leur pays & en deffendant leur liberté. Mais ces hypothèses sont impossibles & nous sommes au contraire bien éloignés de concevoir de pareilles craintes.

Tous les trônes sont ébranlés, les tyrans sont tremblans & les peuples commencent à respirer l'air de la liberté, graces à la philosophie qui va bientôt répandre sa bénigne influence sur toutes les régions de la terre.

Au nom de cette douce philosophie, amie de l'humanité, souverains Législateurs, épargnez vous & à toute la Nation que vous représentez, un opprobre éternel. Suivez l'exemple des Romains, des Suédois, & des Anglais. Car enfin, en supposant, que d'après votre arrêt, Louis le dernier périsse sur un échaffaud, qu'Antoinette subisse le même sort, que ferez-vous de ses malheureux enfans, plongerez-vous un poignard homicide dans le sein de son fils âgé de sept ans ? Non, vous ne serez pas si cruels ; car ces idées font frémir d'horreur les âmes les moins compatissantes. Vous prendrez sans doute, le seul parti qui vous reste, le seul qui soit le moins à charge à la Nation, le seul digne de sa générosité & de sa clémence ; vous bannirez à jamais de votre territoire cette famille errante, couverte de honte & d'ignominie rongée de remords & de misère. Elle ira traîner loin de nous son existence malheureuse, & pourra servir d'exemple continuellement renaissant, à tous les Rois de la terre. Que la tête de Louis Capet, celle de ses frères, celle de tous leurs descendans soit mise à prix, dans le cas où ils oseroient souiller de leurs pieds le territoire sacré de la République. Telle doit être la conduite d'une nation magnanime & généreuse, qui sait apprécier ce que vallent les

Rois. Il eſt donc évidemment démontré par l'hiſtoire ancienne & moderne, d'après l'exemple des Romains, des Suédois, & des Anglais & en conſultant l'opinion la plus générale ; non-ſeulement de la France, mais de toute l'Europe, qui a les yeux ouverts ſur nous, que la mort de Louis Capet ſeroit un crime inutile pour l'Etat, & qu'elle imprimeroit à la nation Française un opprobre éternel. Tels ſont les ſentimens d'un vrai Républicain, jaloux de la gloire & de l'honneur de ſon pays.

www.ingramcontent.com/pod-product-compliance
Lightning Source LLC
LaVergne TN
LVHW010344230826
846091LV00009B/4015
9782014093858